INVENTAIRE
V 16169

V

INVENTAIRE
V 16169

V

MINES DE BRUAY

DÉPOT D'ARRAS

PIÈCES
ET
DOCUMENTS

PARIS
IMPRIMERIE ADMINISTRATIVE DE PAUL DUPONT
41, RUE JEAN-JACQUES-ROUSSEAU (HOTEL DES FERMES).

1873

CONSEIL D'ADMINISTRATION DES MINES DE BRUAY

SÉANCE DU 13 FÉVRIER 1863

(Présidence de M. MARMOTTAN)

Sont présents : MM. MARMOTTAN, PETIT, DUCHANGE, ANSELIN, LETURGIE.

Le Conseil autorise M. le Président à établir un dépôt à Arras et accepte l'offre obligeante de M. Maurice Colin, d'Arras, de choisir l'emplacement nécessaire et le représentant de ce Dépôt.

Pour extrait conforme :

Ont signé : Jules MARMOTTAN,
J.-B. PETIT,
DUCHANGE aîné,
ANSELIN,
LETURGIE,

Le choix de M. Maurice Colin se porta sur M. Lenglet-Scaillierez, qui devint le représentant du Dépôt, avec un traitement de 1,500 francs par an, une commission sur chaque hectolitre vendu ; tous les frais du Dépôt étaient au compte de la Compagnie de Bruay.

DÉPOT DE CHARBON DES MINES DE BRUAY A ARRAS.

État du charbon vendu en détail au dépôt d'Arras par l'intermédiaire de M. Lenglet-Scaillierez, préposé à ce dépôt, et prix net de vente dudit dépôt, comparé avec le prix net de vente de toute l'extraction de la Compagnie de Bruay.

EXERCICES.	NOMBRE des hectolitres vendus, soit en gros, soit en détail, par marchés ou sans marchés formant la vente totale du charbon moyen de la Compagnie.	NOMBRE des hectolitres vendus en détail au dépôt d'Arras.	PRIX NET de vente par hectolitre de toute l'extraction de la Compagnie, déduction faite de la vente au dépôt d'Arras.	PRIX NET de vente du dépôt d'Arras le tout en détail par hectolitre.	DIFFÉRENCE par hectolitre.	PROPORTION de la vente du dépôt d'Arras, comparée avec la vente totale de la Compagnie.
			fr. c.	fr. c.	fr. c.	
1863-64	814.505	25.910	1 32	1 08	(**)— 0 24	3.10 0/0
1864-65	669.361	32.140	1 33	1 06	— 0 27	4.80 —
1865-66	924.783	30.882	1 34	1 23	— 0 11	3.33 —
1866-67	730.743	9.527	1 56	1 10	— 0 46	1.33 —
1867-68	851.863	20.356	1 44	1 31	— 0 13	2.33 —
1868-69	927.683	27.752	1 45	1 12	— 0 33	2.90 —
1869-70	1.343.626	52.834	1 30	1 12	— 0 18	3.90 —
1870-71	1.301.955	40.928	1 29	1 12	— 0 17	3.10 —
1871-72	1.897.359	15.067	(*) 1 26	1 30	(***)+ 0 04	2.40 —

(*) Le Dépôt d'Arras a été supprimé le 15 novembre 1871. La vente avait cessé le 31 octobre 1871; il n'a eu qu'une durée de 4 mois 1/2 pendant l'exercice 1871-72.
(**) — Ce signe indique *en moins*.
(***) + Ce signe indique *en plus*.

Certifié conforme aux écritures :

Le *Receveur*,
Vve DUPONT.

MINES DE BRUAY. — DÉPOT D'ARRAS.

Évaluation des Pertes et Bénéfices du Dépôt par chaque exercice.

EXERCICES	PRIX moyen net de l'extraction totale de la Cie de Bruay déduction faite de la vente au dépôt d'Arras		PRIX moyen net de vente du dépôt d'Arras au détail		PERTE A L'HECTOLITRE		BÉNÉFICE A L'HECTOLITRE		PERTE PAR EXERCICE		BÉNÉFICE PAR EXERCICE	
	fr.	c.	fr.	c.	fr.	c.	fr.	c.	fr.	c.	fr.	c.
1863-64	1	32	1	08	»	24	»	»	6,218	40	»	»
1864-65	1	33	1	06	»	27	»	»	8,677	80	»	»
1865-66	1	34	1	23	»	11	»	»	3,397	02	»	»
1866-67	1	56	1	10	»	46	»	»	4,382	42	»	»
1867-68	1	44	1	31	»	13	»	»	2,646	28	»	»
1868-69	1	45	1	12	»	33	»	»	9,158	16	»	»
1869-70	1	30	1	12	»	18	»	»	9,510	12	»	»
1870-71	1	59	1	12	»	17	»	»	6,957	76	»	»
1871-72	1	26	1	30	»	»	»	04	»	»	602	68
A Déduire : Bénéfice en 1871-72									50,947	96	602	68
									603	28		
PERTE éprouvée par le Dépôt d'Arras									50,345	28		

NOTA. — Un Dépôt doit être considéré comme un marchand, achetant et vendant pour son compte, payant les transports, journées d'ouvriers, primes pour stimuler la vente, frais généraux, appointements et commissions du chef de Dépôt, réalisant des bénéfices ou des pertes.

Ces prix de vente en détail du Dépôt d'Arras sont comparés avec les prix de vente de l'extraction totale de la Compagnie; la comparaison s'établit donc entre une vente 814,505 hectolitres, par exemple, pour l'exercice 1863-64, avec une vente de 25,910 hectolitres, chiffre de la vente du Dépôt d'Arras pendant le même exercice.

Mais cette comparaison n'est pas entièrement exacte, car on sait qu'une Compagnie houillère ne peut vendre une grosse quantité au même prix qu'une petite, ou bien encore, qu'elle ne peut vendre en gros au même prix qu'en détail.

Toute Compagnie houillère est obligée de vendre à plus bas prix aux négociants qui achètent en gros qu'à ceux qui achètent au détail, car s'il en était autrement, personne n'achèterait en gros; or, toute Compagnie houillère, pour assurer la régularité de son extraction et n'être pas à la merci de la demande, est obligée d'assurer l'écoulement d'une partie de son extraction, en faisant des marchés en gros à livrer.

Dès lors, il est nécessaire que le prix de vente en détail soit supérieur à celui de vente en gros; de combien doit-il être plus cher? Il doit être en général de 10 à 20 % plus élevé que le prix de vente en gros. Or, sauf pour les quatre derniers mois qui ont précédé la suppression du Dépôt d'Arras, le prix de vente du Dépôt d'Arras pendant les huit années de son existence, a toujours été inférieur au prix de vente moyen de toute l'extraction de la Compagnie.

La perte du Dépôt d'Arras ainsi établie s'élève donc à . . . . . 50,345 fr. 28 c.

Si maintenant on estime que le Dépôt d'Arras devait produire *seulement* 10 % de bénéfice sur le prix moyen de vente de l'extraction de la Compagnie, le Dépôt d'Arras, au lieu de perdre 50,345 fr. 28, aurait dû rapporter à la Compagnie **35,120 francs**; c'est un bénéfice minimum qu'il aurait dû faire et qu'il n'a pas fait; nous ne comptons ce bénéfice manqué que pour. . . . . *Mémoire*

CHARBONS et COKES

L. DUPONT Fils
12, rue Jean-Sans-Peur, 12
A LILLE

MAISONS :
A PARIS
14, rue du Faubourg-St-Denis

A AMIENS
7, rue des Écoles-Chrétiennes

Lille, le 22 Août 1871.

Monsieur Marmottan, Président des Mines de Bruay.

Monsieur,

Je sais maintenant pourquoi vous m'avez refusé le marché de cinq cents wagons à 1 fr. 30 c. l'hectolitre pour Arras et environs. Ce n'est pas pour vous prier de nouveau de me l'accorder que je vous écris ; je n'en voudrais à aucun prix depuis que je sais à quel prix votre Compagnie vend *au détail* à Arras. Pauvre Bruay !

Je viens réclamer de vous, Monsieur, en ma qualité d'actionnaire de Bruay, le renseignement suivant : Quel est le prix de vente de l'hectolitre en détail net à Arras, depuis que votre Dépôt est établi ?

J'aime encore à croire que les renseignements qui m'ont été donnés ne sont pas exacts ; mais s'ils l'étaient, je serais obligé de faire toutes réserves à l'égard de tous les administrateurs et de M. *Colin en particulier*, votre délégué à Arras.

Veuillez, Monsieur le Président, m'honorer d'une réponse, et suis, en attendant l'honneur de vous lire,

Votre tout dévoué serviteur.

Signé : L. Dupont fils.

Arras, le 2 septembre 1871.

Monsieur le Président,

J'ai reçu la copie de la lettre de M. Dupont fils, du 22 août que vous m'avez envoyée en communication en me demandant mon avis.

M. Dupont fils se plaint de ce que le Conseil d'administration ne lui a pas accordé un marché à un franc trente centimes l'hectolitre pour Arras. Il demande à quel prix on vend au Dépôt d'Arras.

Nous n'avons pas à rendre compte à M. Dupont fils, comme marchand de charbon, de ce que le Conseil d'administration a cru devoir faire; mais il se dit actionnaire de Bruay; à ce dernier titre nous lui devons les renseignements qu'il demande.

Le Dépôt d'Arras vend par wagon chargé à Bruay un franc quarante centimes l'hectolitre; il vend par voiture un franc soixante-dix centimes, mais il y a 24 centimes de transport et cinq centimes d'octroi, lesquels diminués des 34 sols, établissent la vente à 1 fr. 41 c., même prix que par wagon. Le dépôt d'Arras vend donc au cours et je l'ai toujours vu vendre au cours.

M. Dupont fils demande le prix de vente au dépôt d'Arras depuis sa création. Ce n'est plus une demande pour affaire commerciale du moment, mais une demande de comptes et même de vieux comptes.

Si M. Dupont fils est actionnaire, il a le droit d'examiner ou faire examiner par des délégués les comptes de la Compagnie à partir du 1er janvier 1853 (article 35 des statuts). Voilà un longue route à parcourir, ouverte par inexpérience sans doute; vous y lancera-t-on? Du reste, je ne connais pas du tout M. Dupont fils.

Recevez, Monsieur le Président, etc.

Signé : Maurice COLIN.

Copie de la lettre écrite à **M. Dupont fils le 5 septembre 1871.**

Monsieur,

En réponse à votre lettre du 22 août, j'ai l'honneur de vous informer que, comme négociant en charbons, la Compagnie de Bruay ne peut et ne doit pas vous rendre compte de ses prix de vente.

Comme actionnaire, voici les renseignements que vous me demandez. La Compagnie de Bruay vend actuellement 1 fr. 40 l'hectolitre par wagon à Arras et environs, et 1 fr. 70 par voitures, pris au Dépôt à Arras ; il faut déduire de ce prix 24 centimes de transport à l'hectolitre et 5 centimes d'octroi.

Quant au prix de vente du Dépôt d'Arras depuis sa création, ce n'est plus une demande pour affaires commerciales, mais une demande de reddition de comptes. Comme actionnaire vous avez le droit d'examiner ou de faire examiner les comptes de la Compagnie par des délégués (article 35 des statuts).

Agréez, Monsieur, etc.

Le Président des Mines de Bruay,

Signé : Jules MARMOTTAN.

CHARBONS et COKES

L. DUPONT Fils
12, rue Jean-Sans-Peur, 12
A LILLE

MAISONS :
A PARIS
14, rue du Faubourg-St-Denis

A AMIENS
7, rue des Écoles-Chrétiennes

Lille, 14 septembre 1871.

Monsieur J. Marmottan, Président de la Compagnie de Bruay.

Monsieur,

J'ai l'honneur de vous accuser réception de votre lettre du 5 courant. Tout en vous remerciant de la communication que vous voulez bien me faire, permettez-moi de vous dire qu'elle n'est ni sincère ni complète, ni même franche. Que contient votre réponse?

Du prix actuel 1 fr. 70 auquel vend le Dépôt d'Arras, il faut, me dites-vous, déduire les frais de transport, 0 fr. 24, et les frais d'octroi, 0 fr. 05 ; tout marchand de charbon le sait.

Mais ce que vous ne me dites pas, Monsieur, c'est le prix de vente net pour la Compagnie de Bruay, et cette question formait l'objet de ma lettre. Je n'ignore pas que, comme négociant en charbon, vous avez le droit de ne pas me rendre de comptes; mais j'ai bien, il me semble, le droit de me plaindre du tort que l'on me fait quand, après avoir fait, il y a deux ans, un marché en gros de 500 wagons, le représentant de Bruay à Arras va, sur les instructions de M. Colin, trouver ma clientèle pour lui vendre un wagon au même prix que l'on m'en a vendu 500.

J'ai trouvé et trouve encore que c'est de la concurrence déloyale. Et vous-même, Monsieur, vous l'avez reconnu, car vous m'avez offert de résilier mon marché. Ceci dit, revenons au Dépôt d'Arras, puisque, comme actionnaire, vous me concédez le droit d'avoir des renseignements.

Je demande donc à vérifier dans les livres de la Compagnie à quel prix le représentant de M. Colin vendait au Dépôt d'Arras pour le compte de la Compagnie quand on me refusait un gros marché à 1 fr. 30.

Si des wagons ont été vendus à Arras à 1 fr. 40, c'est depuis que l'on sait que je suis bien décidé à signaler les abus de ce Dépôt. Le prix de vente n'a-t-il jamais dépassé 1 fr. 10 l'hectolitre?

Qui favorise-t-on? Je vais plus loin : j'ai en mains des renseignements qui disent que le prix de vente au Dépôt d'Arras pour la Compagnie a été de 0 fr. 97 l'hectolitre pendant une année et de 1 fr. 04 pendant 1870. Est-ce assez clair?

En résumé, voilà la situation au moment où la Compagnie de Bruay me refusait *un marché de 500 wagons à 1 fr. 30 l'hectolitre :* le Dépôt d'Arras vendait net pour la Compagnie à 1 fr. 10 et même à 1 franc, non pour cent hectolitres, mais pour *un seul hectolitre à la fois.*

Si mes renseignements ne sont pas exacts, vous avez intérêt à me communiquer vos livres, et au reste vous l'avez offert dans vos dernières circulaires, à moins que vous ne jugiez prudent de retirer votre offre. S'ils sont exacts, il me restera à voir les moyens que je dois employer pour sauvegarder mes intérêts, ceux du commerce de charbon et des actionnaires de Bruay, et je n'y manquerai pas.

En attendant votre réponse, recevez, Monsieur, etc.

Signé : L. DUPONT fils.

MINES DE BRUAY. — DÉPOT D'ARRAS

Marché Bonnard, fait par M. Lenglet-Scaillierez, préposé au Dépôt d'Arras.

Ce marché, qui a été ultérieurement augmenté, est frauduleux; il n'existe pas de négociant ou de pannetier du nom de Bonnard; la vérité est qu'après l'exécution des marchés, la Compagnie s'est aperçue qu'elle avait été trompée, que sous le nom de Bonnard, M. Lenglet-Scaillierez avait traité pour compte de la Compagnie avec un sieur Legrand père, dont le fils était préposé au chargement des wagons aux fosses de Bruay.

Les conséquences de cette dissimulation frauduleuse ne sauraient être chiffrées et l'importance n'en est certainement pas connue.

Le texte de ce marché n'est pas encore rentré dans les archives de la Compagnie.

BERNAUX
Marchand de charbons
A ALBERT (Somme)

Albert, 17 février 1872.

Copie de la lettre de M. Bernaux, négociant en charbons, à M. Dupont, receveur des Mines de Bruay, à Bruay.

Monsieur,

En réponse à votre demande, je m'empresse de vous donner les renseignements les plus précis et que j'ai pu recueillir. M. Legrand de Louvencourt a vendu des charbons de vos produits en 1867, 1868, 1869 : au mois de novembre 1869, il m'a demandé si je voulais m'associer avec lui afin d'établir un magasin à Albert. Je lui ai demandé le moyen de me procurer des charbons, il m'a conduit à Arras chez M. Lenglet, nous l'avons trouvé à son magasin. Je lui ai demandé un marché de 20 à 25 wagons. M. Lenglet nous a inscrits et il m'a dit que sous deux jours il m'adresserait ce marché pour le couvrir de ma signature. Je vous ferai remarquer que j'ai pris les charbons pour mon compte parce que je ne me fiais pas tout à fait à M. Legrand.

M. Lenglet a maintenu sa parole, il m'a adressé ce marché dont vous avez expédié le premier wagon le 11 décembre 1869 pour mon compte.

M. Legrand m'a dit que M. Lenglet était très-bien avec un monsieur qui faisait partie de l'Administration des mines de Bruay et que l'on avait plus de chance à traiter à Arras qu'à Bruay.

Je vous fais remarquer que je ne connaissais nullement M. Lenglet, ni son domicile.

En 1870, j'ai demandé à M. Lenglet un marché de 50 wagons. J'ai été à Arras chez lui, je l'ai trouvé à son magasin, nous sommes retournés chez lui, où il y avait dans le magasin un monsieur assez âgé qui s'est retiré un instant après notre arrivée, et dans notre débat de marché, il m'a dit que ce monsieur était un administrateur des mines de Bruay.

Dans le courant de la même année, j'ai redemandé à M. Lenglet s'il voulait encore m'accorder dans les mêmes conditions un marché de 50 wagons, c'est-à-dire à 1 fr. 15 l'hectolitre.

M. Lenglet a demandé quelques jours pour m'accorder ce marché; il m'a répondu que la Compagnie ne voulait pas accepter, et comme M. Dupont de Lille m'avait offert 1 fr. 20, j'ai passé un marché avec lui, et revenant de Lille, j'ai descendu à Arras pour lui dire que j'avais obtenu mon marché, et l'administrateur dont je vous ai parlé plus haut était encore chez M. Lenglet.

M. Lenglet l'a consulté à ce sujet et lui a même fait voir mon écrit; après une courte conversation il m'a demandé mon écrit pour le faire voir au Président.

Je suis allé cinq ou six fois chez M. Lenglet, et chaque fois j'ai rencontré ce monsieur, dont je crois que son nom est M. Colin.

M. Legrand a reçu des charbons à l'adresse de M. Lefranc, brasseur à Bucquoy, adressés à Albert, et Legrand a pris livraison; d'autres wagons sont venus à l'adresse de M. Bonnard, boucher à Acheux.

Et tous les marchés que M. Legrand a faits, il les a faits avec M. Lenglet.

Recevez mes salutations empressées.

Signé : BERNAUX.

MINES DE BRUAY. — DÉPOT D'ARRAS.

Cinq lettres signées frauduleusement *Bonnard* et adressées à M. Lenglet-Scaillierez.

Ces lettres sont datées de Louvencourt du mois de juillet 1869, signées Bonnard, et sont écrites de la main qui a fait la signature.

Ces lettres n'ont pas encore été réintégrées dans les archives de la Compagnie.

Extrait d'une lettre de M. Maurice Colin à M. le Président,
en date du *21 mai 1869*.

Monsieur,

J'ai engagé M. Lenglet à faire essayer le charbon de Bruay pour la fabrication des pannes; l'essai a réussi et je l'ai autorisé à vendre à un fabricant une dizaine de wagons à 1 fr. 15 c. C'est une industrie que nous pourrons attacher à Bruay.

Veuillez agréer, etc.

Signé : Maurice Colin.

LENGLET-SCAILLIEREZ
PRÉPOSÉ
AU DÉPOT DE BRUAY
A ARRAS
16, rue Saint-Géry

Arras, le 7 juin 1869.

Monsieur Dupont, Receveur des mines, à Bruay.

MONSIEUR,

J'ai vendu 12 wagons charbon gailleteux de la fosse n° 1 à M. Bonnard Pantier, fabricant de pannes, à Acheux (Somme), arrondissement de Doullens.

J'ai été autorisé par M. Maurice Colin à vendre à cet industriel les 12 wagons à 1 fr. 15; veuillez, je vous prie, faire expédier 2 wagons à M. Bonnard, en gare à Albert, le samedi 12 juin courant.

Quant aux autres wagons, je vous écrirai successivement les jours où il faudra es lui expédier.

Agréez, etc.

Signé : ED. LENGLET.

LENGLET-SCAILLIEREZ
PRÉPOSÉ
AU DÉPOT DE BRUAY
A ARRAS
16, rue Saint-Géry.

Extrait de la lettre du 17 juillet 1869.

Arras, le 17 juillet 1869.

Monsieur Dupont, Receveur des mines, à Bruay.

Monsieur,

Veuillez expédier à M. Bonnard, à Acheux, un wagon de la fosse n° 1 à 1 fr. 15, 2 0/0 d'escompte, en gare d'Albert, mardi 20 juillet courant.

Agréez, etc.

Signé : Ed. Lenglet.

LENGLET-SCAILLIEREZ
PRÉPOSÉ
AU DÉPOT DE BRUAY
A ARRAS
16, rue Saint-Géry.

Arras, le 21 juillet 1869.

Monsieur Dupont, Receveur des mines, à Bruay.

Monsieur,

J'ai bien reçu votre honorée du 19 juillet; bonne note est prise de son contenu.

Veuillez, je vous prie, faire expédier à M. Bonnard, à Acheux :

    1 wagon à 1 fr. 15, 2 0/0, en gare à Albert, jeudi 22 courant ;
    1 wagon, vendredi 23 courant.

Agréez, etc.

Signé : Ed. Lenglet.

LENGLET-SCAILLIEREZ
PRÉPOSÉ
AU DÉPOT DE BRUAY
A ARRAS
16, rue Saint-Géry.

Arras, le 25 juillet 1869.

Monsieur Dupont, Receveur des mines, à Bruay.

Monsieur,

Veuillez, je vous prie, faire expédier à M. Bonnard, à Acheux, 3 wagons de charbon de la fosse n° 1 à 1 fr. 15, 2 0/0 d'escompte, en gare à Albert, comme suit :

    1 wagon, mardi 27 courant,
    1 wagon, jeudi 29 courant,
    1 wagon, vendredi 30 courant.

Agréez, etc.

Signé : Ed. Lenglet.

COMPAGNIE
des
MINES DE BRUAY
(PAS-DE-CALAIS)

Bruay, le 25 octobre 1872.

Monsieur le Président,

Je me suis rendu hier soir chez M⁰ Cuvelier, notaire à Arras. Après lui avoir présenté l'autorisation dont j'étais porteur, je l'ai prié de me remettre, contre reçu, les pièces de l'affaire Bonnard. M⁰ Cuvelier a répondu que ces pièces ayant été déposées par M. Maurice Colin, il ne pouvait s'en dessaisir sans l'autorisation de M. Colin.

J'ai prié alors M⁰ Cuvelier de vouloir bien me donner communication desdites pièces et m'en laisser prendre copie. M⁰ Cuvelier est allé les chercher et me les a montrées.

Ces pièces sont au nombre de six, comme le constate l'acte de dépôt fait à la date du 14 septembre, enregistré le même jour, savoir : cinq lettres, datées de Louvencourt du mois de juillet 1869, signées Bonnard, et écrites de la main qui a fait la signature et un engagement de prendre à la Compagnie de Bruay 12 wagons de charbon à 1 fr. 35 l'hectolitre, 30 jours, escompte 2 %, écrit par M. Lenglet-Scaillierez et signé Bonnard. La signature Bonnard ne paraît pas la même que celle apposée au bas des lettres. M⁰ Cuvelier en a également fait la remarque. Ayant demandé de prendre copie des six pièces, M⁰ Cuvelier a répondu que, n'étant pas intervenu au dépôt, je ne pouvais en prendre copie sans l'assentiment de M. Colin, et qu'au surplus, il ne savait de quoi il s'agissait, M. Colin n'ayant rien dit en faisant le dépôt.

Ayant retiré mon autorisation, je pris congé de M⁰ Cuvelier.

Veuillez agréer, M. le président, etc.

Signé : V. DUPONT.

A. FOURLINNIE
Agent commissionnaire en charbons
A AMIENS
32, rue Saint-Jacques.

Amiens, le 9 juillet 1867.

Monsieur Victor Dupont, receveur de la Compagnie de Bruay.

Monsieur,

Je crois devoir vous transmettre, sous réserve, un renseignement relatif aux intérêts de la Compagnie. Hier à Albert, j'ai appris que la vente de vos charbons devenait impossible sur cette place, par suite d'une concurrence ou faveur que vous ignorez probablement. Des wagons de charbon de Bruay sont expédiés à Albert, au nom de M. Bonnard (ce n'est pas pour son compte); ils sont composés de 80 à 90 0/0 de gailleterie et forment chacun 125 à 126 hectolitres, tandis qu'un wagon ordinaire fait 115 à 116 hectolitres; d'ailleurs ce charbon est vendu à 1 fr. 70 c. l'hectolitre. Si ceci doit continuer, il est inutile que je retourne à Albert où j'espérais faire 80 à 100 wagons.

Je vous prie, Monsieur, de prendre de plus amples renseignements à ce sujet et me dire ensuite à quoi je dois m'en tenir.

J'ai appris aussi à Corbie qu'il a été expédié un wagon de Bruay à M. D***, au prix de 126 francs le wagon. Dans ces conditions, ce n'est pas encourageant pour moi. Je prépare les affaires, une autre personne passe avec de meilleures conditions et les fait; ce n'est pas difficile, et ceci vous est préjudiciable; plusieurs clients en ont connaissance.

J'ai l'honneur de vous saluer.

Signé : A. FOURLINNIE.

Extrait d'une lettre de M. Maurice Colin à M. le Président,
en date du *14 juillet 1869.*

Monsieur,

Quant à M. Bonnard, il a fait un marché de 12 wagons, 1/3 en plus, 1/3 en moins, pour fabrique de pannes à 1 fr. 15 c. Il a déjà pris 15 wagons ; c'est encore 1 wagon à lui livrer.

Recevez, etc.

Signé : Maurice COLIN.

Extrait d'une lettre de M. Maurice Colin, adressée à M. le Président, en date du *17 juillet 1869*.

Monsieur,

La lettre de M. Fourlinnie a deux caractères : il voit avec regret que le charbon de Bruay se vend mieux, est mieux apprécié dans les environs d'Albert ; il semble se plaindre que le charbon se vende en détail 1 fr. 70 c.; ce prix est raisonnable et les charbons de Bruay se vendant au même prix que les autres charbons et étant supérieurs, il est préféré. Il paraît, en effet, que le sieur Bonnard vend les charbons qu'il a achetés pour la tuilerie : il vient de demander ses 16 wagons, ce qui termine son marché. Il demande un nouveau marché à 1 fr. 15 c. Nous pouvons, je crois, le lui accorder, quoique nous sachions maintenant qu'il sera vendu et non brûlé par le sieur Bonnard ; veuillez me donner votre avis.

Quant aux accusations de quantités de 125 à 126 hectolitres par wagon, cela me paraît impossible, car les wagons sont pesés à Bruay, mais il est possible que le sieur Bonnard ne se serve pas d'une mesure aussi grande que celle des fosses.

Recevez, etc.

Signé : Maurice Colin.

COMPAGNIE
des
MINES DE BRUAY
(PAS-DE-CALAIS)

Bruay, le 19 mars 1873.

Monsieur Lenglet-Scaillierez, 16, rue Saint-Gery, à Arras.

Monsieur,

J'ai l'honneur de vous informer que le Conseil d'Administration, sur la demande de M. Colin, administrateur, vous vend quatre cents wagons de charbon tout venant pour votre vente à Arras au prix de 1 fr. 35 l'hectolitre, mis en wagon à Bruay, escompte 2 pour cent et 1 mois, transport à votre charge jusqu'à Arras et livrables dans le cours d'une année, après l'expiration du marché en cours de livraison, au fur et à mesure de vos besoins.

La Compagnie de Bruay fera traite sur vous à Arras le 20 de chaque mois pour toutes les livraisons faites dans le mois précédent.

Il est bien entendu que si la Compagnie du chemin de fer du Nord ne livrait pas de matériel suffisamment, la Compagnie de Bruay n'encourrait aucune responsabilité.

A l'occasion, veuillez m'envoyer l'acte de rétrocession du bail du Dépôt d'Arras et les marchés expirés que vous pouvez avoir appartenant à divers clients qui ont traité avec la Compagnie de Bruay par votre intermédiaire.

D'après le matériel, je prévois vous adresser jusqu'à concurrence de trois wagons par jour, les vôtres compris.

Obligez-moi de m'accuser réception de la présente lettre, et agréez, Monsieur, mes sincères salutations.

Par procuration de la Compagnie des Mines de Bruay :

Le Receveur,

Signé : V^{er}. Dupont.

COMPAGNIE
des
MINES DE BRUAY
(PAS-DE-CALAIS)

Bruay, 27 mars 1872.

Monsieur Lenglet-Scaillierez, à Arras.

Monsieur,

Je m'empresse de vous informer que, conformément à la décision du Conseil d'administration, M. le président de la Compagnie a nommé, pour estimer le matériel du dépôt d'Arras, M. Desmasures, expert près le tribunal de commerce et le tribunal civil de la Seine, demeurant à Paris, 44, boulevard Haussmann.

Votre expert et vous, pouvez vous aboucher avec lui pour terminer cette affaire.

M. le Président me charge de vous demander de renvoyer à Bruay les lettres relatives au marché Bonnard, qui appartiennent à la Compagnie.

Agréez, Monsieur, etc.

Par procuration de la Compagnie des Mines de Bruay :

Le Receveur,

Signé : V^{er}. DUPONT.

LENGLET-SCAILLIEREZ
Négociant en charbons
A ARRAS
16, rue Saint-Géry.

Arras, le 3 avril 1872.

Monsieur Dupont, receveur des Mines, à Bruay.

EXTRAIT.

Monsieur,

J'ai l'honneur de vous accuser réception de votre honorée de ce jour.

. . . .

Je vous remercie de m'avoir envoyé le nom de l'expert choisi par M. le Président.

M. Tricart, négociant en bois à Arras, mon expert, va écrire à M. Desmazures, pour convenir du jour où ils se réuniront.

Les lettres que vous me demandez par votre honorée du 27 mars dernier ont été portées à Douai au mois de juin de l'année dernière et communiquées à MM. les Administrateurs; elles ne m'ont pas été remises et depuis lors je ne les ai plus.

Agréez, je vous prie, Monsieur, mes salutations empressées.

Signé : Ed. LENGLET.

CONSEIL D'ADMINISTRATION DES MINES DE BRUAY.

Bruay, le 24 Août 1872.

Monsieur Colin, Administrateur des mines de Bruay,

Monsieur,

Je viens vous rappeler que vous possédez encore les pièces de l'affaire Bonnard qui appartiennent à la Compagnie de Bruay. Ces pièces ne peuvent rester plus longtemps entre vos mains et je vous requiers de les remettre au siège de l'exploitation à Bruay, contre un reçu de M. Dupont, receveur de la Compagnie.

Si vous préférez, comme vous l'avez dit hier à Douai, les remettre entre les mains du procureur de la République, je n'y vois aucun inconvénient, et je vous dirai même que je ne serai pas fâché de voir poursuivre toutes les personnes qui ont porté préjudice à la Compagnie.

A cette occasion, Monsieur, je tiens à bien préciser notre situation. Le singulier langage que vous avez tenu hier à Douai m'en impose l'obligation.

Nos rapports ont cessé d'être empreints de confiance et de cordialité à partir du moment où j'ai voulu, par suite de faits arrivés à ma connaissance, faire rentrer M. Lenglet-Scaillierez dans le devoir, afin qu'il ne pût davantage porter préjudice à la Société par ses opérations.

Vous avez toujours prétendu accorder à M. Lenglet le privilége d'avoir du charbon à un prix fort inférieur, et pour couronner l'œuvre vous vouliez attribuer à M. Lenglet-Scaillerez le droit de vendre partout où il jugera convenable, de manière à lui faire absorber une grande partie de la clientèle de la Compagnie, en portant à celle-ci le plus grand dommage.

J'ai dû, avec l'assentiment de mes collègues, mettre obstacle à de pareils projets : à partir de ce moment vous avez pris une attitude hostile et le dissentiment a été en s'aggravant. Vous avez été, dans un moment de colère, jusqu'à prétendre que vous feriez perdre un million à la Compagnie de Bruay, si on ne cédait pas aux prétentions que vous émettiez dans l'intérêt de M. Lenglet.

Ce propos que vous avez tenu devant M. Anselin, vous l'avez nié hier à Douai; mais M. Anselin a affirmé de nouveau devant vous et après votre départ que vous le lui avez dit le 6 juin 1872, à Bruay dans la maison d'Administration.

En entendant ce langage, M. Anselin fut si indigné et si effrayé qu'il vint immédiatement le répéter dans la salle du Conseil où étaient réunis M. Duchange aîné, M. le docteur Marmottan et moi. Au surplus il l'a répété à diverses autres personnes.

Je tiens donc ce propos comme avéré; hier encore vous vous êtes démasqué et vous avez dit à MM. Anselin, Duchange et à moi que vous déclariez la guerre au Conseil.

Cette déclaration de guerre, je l'accepte, et vous trouverez légitime que je la fasse sans ménagement, et avec les armes mêmes que vous m'avez fournies par votre correspondance et par les procès-verbaux du Conseil d'administration.

En résumé, monsieur, j'attends les effets de vos menaces et vous pouvez tenir pour certain que la réponse ne se fera pas attendre.

Agréez, Monsieur, etc.

Le Président des Mines de Bruay,
Jules MARMOTTAN.

CONSEIL D'ADMINISTRATION DES MINES DE BRUAY.

Bruay, 21 septembre 1872.

Monsieur Colin, administrateur, à Arras.

Monsieur,

Le Conseil d'Administration s'est réuni hier et aujourd'hui à Bruay; il a constaté que vous n'aviez pas réintégré dans les archives de la Compagnie les papiers de l'affaire Bonnard.

Ces papiers sont la propriété de la Compagnie et ne peuvent rester entre vos mains.

Je vous réitère ma demande de les remettre entre les mains de M. le Receveur de la Compagnie.

Agréez, Monsieur, etc.

Le Président des Mines de Bruay,
Signé : Jules Marmottan.

Arras, le 23 septembre 1872.

Monsieur Jules Marmottan, à Bruay.

Monsieur le Président,

Les pièces que vous me demandez par votre lettre d'avant-hier 21 courant, sont déposées en l'étude de M° Cuvelier, notaire à Arras.

Recevez, Monsieur le Président, etc.

Signé : Maurice Colin.

CONSEIL D'ADMINISTRATION DES MINES DE BRUAY.

Bruay, le 5 novembre 1872.

Monsieur Cuvelier, notaire à Arras.

Monsieur,

M. Maurice Colin, membre du Conseil d'Administration des mines de Bruay, a déposé dans votre étude des papiers signés Bonnard, appartenant à la Compagnie de Bruay.

Je suis étonné que vous ne les ayez pas remis contre décharge régulière à M. Dupont, receveur de la Compagnie de Bruay, qui était venu les réclamer.

Vous auriez même refusé d'en laisser prendre copie.

Le Conseil d'Administration ne comprend pas votre refus. Il proteste contre votre prétention de détenir des papiers qui sont sa propriété ; et si, contre mon attente, vous persistez dans votre refus, je viens, par la présente lettre chargée, jusqu'au jour où la question de propriété sera vidée judiciairement, vous faire défense de vous dessaisir desdits papiers, même entre les mains de M. Colin, qui n'avait pas le droit de les détenir, ni celui de les déposer entre vos mains.

Agréez, monsieur, etc.

Le président du Conseil d'Administration des mines de Bruay,
Signé : Jules Marmottan.

CUVELIER
NOTAIRE
11, rue Poitevin-Maissemy
A ARRAS
près la place du Théâtre.

Arras, le 9 novembre 1872.

M. Marmottan, Administrateur des mines de Bruay.

Monsieur,

J'ai l'honneur de répondre à la lettre chargée que vous m'avez adressée le 5 de ce mois, et j'ai lieu de m'étonner aussi du ton d'aigreur et des menaces qu'elle contient au sujet d'une affaire que je ne connais même pas.

Des lettres missives m'ont été déposées par M. Maurice Colin à titre officieux, mais comme notaire, pour en rédiger acte authentique, ce qui a été fait : ces lettres sont enregistrées et la remise ne peut plus en être faite pas plus à M. Colin qu'à vous : s'il vous convient d'en avoir copie, je suis autorisé à vous la délivrer ; s'il s'agissait de vérification d'écriture, vous obtiendriez une ordonnance du président du tribunal qui ordonnera le dépôt de ces pièces au greffe.

La décharge que vous appelez régulière, que vous aviez autorisé M. Dupont à me donner, n'avait aucune valeur pour moi ; si j'avais dû les remettre, ce n'eût été qu'entre les mains de M. Colin qui me les avait déposées, et si vous avez des objections à faire au sujet de ce dépôt, il était tout naturel de les faire directement à ce dernier.

Recevez, Monsieur, etc.

Signé : CUVELIER.

CONSEIL D'ADMINISTRATION DES MINES DE BRUAY.

SÉANCE DU 15 NOVEMBRE 1871

TENUE A BRUAY

Sous la Présidence de M. Jules MARMOTTAN

Sont présents : MM. ANSELIN, DUCHANGE aîné, Maurice COLIN, Jules MARMOTTAN.

Le dépôt d'Arras, à partir de ce jour, cesse de fonctionner pour le compte de la Compagnie de Bruay : M. Lenglet-Scaillierez le prend à sa charge, et, à partir de ce jour, paye tous les frais y relatifs.

Pour extrait conforme :

Ont signé : Jules MARMOTTAN,
DUCHANGE aîné,
Maurice COLIN,
ANSELIN.

CONSEIL D'ADMINISTRATION DES MINES DE BRUAY

SÉANCE DU 21 DÉCEMBRE 1871

TENUE A DOUAI, HOTEL DE L'EUROPE

(Présidence de M. Jules MARMOTTAN)

Sont présents : MM. Anselin, Colin, Duchange, docteur Marmottan et Jules Marmottan.

M. le Président expose que le stock actuel de la Compagnie de Bruay est, à la date dudit jour, de 103,000 hectolitres. L'insuffisance du matériel de la Compagnie du Nord est telle qu'il y a lieu de s'en préoccuper sérieusement; les conséquences les plus graves pour les intérêts de la Compagnie peuvent en résulter en la mettant dans l'impossibilité de continuer son extraction, faute d'emplacement pour y déposer une plus grande quantité de charbon.

Il est facile au Conseil d'apprécier tout ce qu'un semblable état de choses renferme de dangers. La suspension de l'extraction entraînerait le renvoi d'un grand nombre d'ouvriers; il est impossible que la Compagnie ne se préoccupe pas sérieusement, et tout de suite, d'une pareille éventualité.

La Compagnie peut ou suspendre le travail un ou plusieurs jours par semaine, ou congédier un certain nombre d'ouvriers.

Suspendre le travail de plusieurs jours par semaine, c'est diminuer l'extraction et conséquemment augmenter le prix de revient; c'est porter un préjudice considérable aux intérêts de notre population ouvrière.

Congédier les ouvriers au moment où les travaux de la troisième fosse en exigent un plus grand nombre, est une mesure que le Conseil ne peut adopter.

Le Président déclare encore que pour atténuer l'élévation du prix de revient, l'Ingénieur de la Compagnie a retiré des ouvriers des travaux d'extraction pour les mettre aux travaux préparatoires ; que lundi 18, l'extraction avait été entièrement suspendue. Enfin il signale à l'attention de l'Administration que le charbon exposé longtemps sur le carreau de la fosse se délite à l'air et perd de sa valeur. Cela est vrai, surtout pour le charbon de Bruay, d'une nature très-friable ; et si cette situation durait trois mois encore, on peut se demander s'il y aurait possibilité de vendre le charbon du carreau de la fosse, même à l'hectolitre.

Après toutes ces considérations exposées, le Président émet l'avis que la seule mesure qui lui paraisse avantageuse aux intérêts de la Compagnie et des ouvriers serait celle d'écouler une partie du stock, fût-ce même à très-bas prix, si l'acheteur se chargeait immédiatement de procurer des moyens d'écoulement.

M. le Président, en conséquence de l'opinion qui précède, fait connaître au Conseil que, grâce à ses relations personnelles avec la Compagnie parisienne du Gaz, il a pu obtenir de cette Compagnie la proposition suivante :

La Compagnie du Gaz offre à la Compagnie de Bruay de lui prendre son stock au prix de 11 fr. 85 la tonne, soit 1 fr. 03 l'hectolitre, payement comptant avec escompte de 3 %. La Compagnie du Gaz parisien peut disposer immédiatement, pour procéder à l'enlèvement du stock de Bruay, soit des wagons qui lui appartiennent, soit de ceux qu'elle a le droit de réquisitionner de l'administration du Chemin de fer du Nord. M. le Président ajoute que ce marché avec le Gaz parisien ne peut en aucun cas diminuer le matériel que la Compagnie de Bruay est en droit de réclamer du Chemin de fer du Nord pour les livraisons à faire à sa clientèle ; que Bruay traite ou ne traite pas avec le Gaz, cela ne changera rien aux obligations du Chemin de fer du Nord avec la Compagnie.

Si, dit-il, on traitait seulement pour la moitié du stock avec le Gaz, soit pour 500 wagons, le stock serait diminué de moitié ; on pourrait donner à l'extraction toute son impulsion, le prix de revient baisserait et le Conseil serait sûr de son lendemain, tandis qu'aujourd'hui, avec un pareil stock, il doit se demander chaque jour si dans peu de jours il ne sera pas forcé de suspendre l'extraction.

Toutefois, comme tout doit être prévu et examiné par le Conseil, M. le Président croit devoir prévenir que, s'il acceptait l'offre de la

Compagnie du Gaz, M. Lalou, aux termes des conventions intervenues entre la Compagnie et lui, aurait droit à une commission de 5 centimes l'hectolitre; que cette commission l'a beaucoup préoccupé à raison du bas prix offert par la Compagnie du Gaz; que, dans cette situation, et sans avoir fait connaître à M. Lalou le nom de l'établissement avec lequel la Compagnie de Bruay était en pourparlers, il avait obtenu de M. Lalou, à qui il a fait comprendre que ce marché ne diminuait en rien le matériel que doit obtenir la Compagnie de Bruay, qu'il ferait bien pour être agréable au Conseil d'administration de consentir à une réduction sur la commission qui devait lui être attribuée. M. Lalou a déclaré qu'il consentirait à réduire sa commission à 25 centimes la tonne si le marché dont on l'entretenait se faisait au-dessus de 12 francs la tonne.

M. le Président fait donc observer au Conseil que le prix net à revenir à la Compagnie ne serait pas 11 fr. 85 la tonne, mais 11 fr. 60 la tonne.

Après cet exposé, M. le docteur Marmottan demande la parole. M. le docteur Marmottan déclare appuyer le projet : 1° parce que en étant donné le prix de revient de 70 centimes l'hectolitre, et le prix de vente 1 franc, la Compagnie de Bruay, en vendant son stock de 100,000 hectolitres, gagnerait encore 30,000 francs; 2° parce que cet écoulement du stock assure la continuation de l'extraction et conséquemment le travail des ouvriers. Les véritables intérêts de la Compagnie prescrivent cette affaire; en faisant cette vente à prix réduit, la Compagnie ne risque qu'une chose, gagner moins qu'elle ne devrait le faire avec les moyens de transport suffisants; mais elle assure la stabilité de son industrie, la continuation de l'extraction, le travail de ses ouvriers, ce qui est énorme pour la sécurité de l'avenir.

M. le docteur Marmottan ajoute que nous sommes en présence d'une crise des transports qui, d'après ses renseignements, peut durer peut-être trois mois encore, peut-être six; que dans cette situation, qui peut devenir désastreuse pour la Compagnie et sa population ouvrière, il faut s'assurer par tous les moyens possibles la continuation de l'extraction; que, quant à lui, il n'hésiterait pas à une vente à plus bas prix si elle était nécessaire pour conjurer les dangers qu'il vient de signaler.

M. Maurice Colin répond que le prix de 11 fr. 85 la tonne n'est pas acceptable en ce moment, où l'on vend couramment 14, 16 et 18 francs la tonne; que la crainte de laisser chômer les ouvriers n'est qu'une éventualité et pas une certitude; que, conséquemment, il ne voit pas là un motif suffisant pour vendre une masse de charbons à un prix aussi infime ; que le stock actuel de 103,000 hectolitres n'est que de 17,000 hectolitres plus élevé que celui existant fin juin 1871 ; par conséquent, qu'en voyant le transport des betteraves terminé la Compagnie du Nord pourrait bientôt livrer plus de matériel et que dès lors, les wagons arrivant, on pourrait fournir les marchés qui sont supérieurs au stock de 103,000 hectolitres.

M. le docteur Marmottan fait observer au Conseil que les prix de 14, 16 et 18 francs la tonne, sont la conséquence de la difficulté du transport. La rareté de la marchandise sur les lieux de consommation amène inévitablement les hauts prix. Les raisons données par M. Colin ne sauraient en rien changer son opinion. C'est uniquement parce que la Compagnie du Gaz a un matériel que nul ne peut se procurer en ce moment, qu'elle doit obtenir des prix plus bas ; enfin, il est de notoriété publique qu'une Compagnie considérable comme celle du Gaz parisien obtient en tout temps des conditions meilleures que des particuliers qui achètent un ou plusieurs wagons ; les affaires avec elle sont recherchées par toutes les exploitations. M. Marmottan pense donc que les véritables intérêts de la Compagnie sont de s'assurer par tous moyens son extraction ; que ce moyen est offert par la vente à la Compagnie du Gaz, qui laisse encore un bénéfice, d'autant plus que ce marché n'empêchera pas la Compagnie d'exécuter les marchés conclus à un prix beaucoup plus élevé quand la Compagnie du Nord fournira du matériel. Il conclut à l'acceptation du marché avec le Gaz parisien.

M. Jules Marmottan fait observer que le stock actuel de 103,000 hectolitres, quoique bien élevé, est bien plus inquiétant au mois de décembre qu'au mois de juillet. Au mois de juillet la Compagnie du Nord a beaucoup plus de matériel qu'en janvier, où les transports sont nombreux et que, dès lors, le Conseil doit se préoccuper beaucoup du stock actuel.

(1) (2).
Deux paragraphes annulés.
D' M., A. D., J. M., M. C.

Au cours de la discussion, M. Colin ayant déclaré qu'il trouvait un nouveau motif de refus du marché proposé dans la communication qui a été faite qu'une commission, même réduite, appartiendrait à M. Lalou (1),

M. le Président répond que les conditions dans les affaires sont des contrats dont nul ne doit chercher à s'affranchir ; qu'il ne serait pas plus honorable pour la Compagnie de refuser à M. Lalou une commission quand un traité la lui donne, qu'il ne serait honnête de la refuser à ceux qui placent du charbon pour compte de la Compagnie ou aux préposés de nos dépôts (2).

Après ces observations, M. Dubosc, agent de la Compagnie parisienne, est introduit. Il dit au Conseil que la Compagnie parisienne du Gaz l'a chargé, pour être agréable à M. Marmottan, Président de la Compagnie, de l'aider à assurer le travail des ouvriers de la Compagnie; que c'est dans ce but et non pour rechercher un marché de charbon, qu'il vient offrir au Conseil d'enlever immédiatement par le matériel propre à la Compagnie du Gaz tout le stock de Bruay au prix de 11 fr. 85 centimes la tonne; qu'au surplus, il doit dire au Conseil d'administration que la Compagnie du Gaz paye à la Compagnie de Lens le charbon à 11 fr. 50 la tonne.

M. Duchange fait observer à M. Dubosc que le marché fait avec la Compagnie de Lens n'est pas récent; qu'il a été contracté à une époque où les charbons n'obtenaient pas les prix actuels.

M. Dubosc répond que le Conseil d'Administration ne doit pas oublier que la Compagnie du Gaz a des marchés contractés pour ses besoins, qu'elle n'a pas besoin de charbon, que c'est à la Compagnie de Bruay à apprécier si le marché lui convient ou non.

Après le départ de M. Dubosc la discussion reprend : M. Duchange pense qu'il ne faut pas traiter en ce moment à un prix aussi bas; qu'avant de subir cette nécessité, il faut attendre pour voir si le matériel du Nord ne deviendra pas suffisant pour enlever l'extraction courante et diminuer le stock. Il voudrait, avant de prendre une pareille mesure et pour couvrir sa responsabilité, avoir un rapport de l'Ingénieur de la Compagnie sur cette question. Il demande si la Compagnie du Gaz, qui montre des dispositions favorables, ne pourrait laisser au Conseil huit jours avant de prendre un parti.

Dans huit jours, si l'encombrement persistait, si le matériel n'était pas suffisant, il verrait s'il ne doit pas accepter l'offre de la Compagnie du Gaz pour éviter la suspension de l'extraction, qui serait le plus grand malheur pour les intérêts de la Compagnie.

M. Anselin dit partager l'opinion de M. Duchange en raison du bas prix offert et de l'espoir d'avoir des wagons.

M. Duchange déclare encore que, dans huit jours, les circonstances pourront le décider à approuver le marché qu'il refuse aujourd'hui et insiste de nouveau pour l'ajournement.

M. le Président met aux voix la proposition de faire immédiatement un marché de cinq cents wagons, à prendre de suite, avec le Gaz parisien.

Cette proposition est rejetée.

M. le Président, avant de clore la séance, dit qu'il respecte parfaitement l'opinion de M. Colin, mais il ne comprend pas comment elle peut se concilier avec celles qu'il a exprimées dans plusieurs séances, en disant qu'il fallait faire des marchés à prix réduits pour écouler nos produits, afin d'augmenter l'extraction. Il ne comprend pas, dès lors, cette résolution de refuser quand même le marché du Gaz, en présence d'un stock de 103,000 hectolitres, qui amènerait nécessairement, s'il augmentait, la nécessité de cesser l'extraction, ou tout au moins de restreindre d'une façon régulière l'extraction, au préjudice des intérêts de la Compagnie, au préjudice de nos ouvriers, qui se trouveraient dans une malheureuse position, s'ils étaient privés de travail.

Pour copie conforme :

Ont signé : Jules MARMOTTAN,
Duchange aîné,
D' MARMOTTAN,
Maurice COLIN,
ANSELIN.

SÉANCE DU 18 JANVIER 1872

TENUE A BRUAY

Sous la Présidence de M. Jules MARMOTTAN

Sont présents : MM. ANSELIN, COLIN, DUCHANGE
docteur MARMOTTAN et Jules MARMOTTAN.

Après lecture du procès-verbal de la dernière séance, M. Colin dit n'avoir pas trouvé un nouveau motif de refus pour le marché du Gaz dans la commission réduite accordée à M. Lalou. Le Conseil accepte cette rectification, et mention d'annulation sera faite au procès-verbal de la dernière séance.

M. le Président met sous les yeux du Conseil l'état des wagons reçus depuis le 21 décembre jusqu'aujourd'hui et la répartition du matériel faite à la clientèle.

Le Conseil constate avec regret que les wagons livrés par la Compagnie du Nord diminuent de jour en jour; hier le Nord a livré treize wagons; aujourd'hui, 18 courant, il n'a livré que neuf wagons.

M. le Président annonce que, dans l'intervalle des deux réunions, l'insuffisance du matériel l'a préoccupé au point qu'il a cru qu'il était dans l'intérêt de la Compagnie, et afin d'assurer le travail des ouvriers, d'accorder à la Compagnie du Gaz 240 wagons de houille à 11 fr. 85 la tonne, escompte 3 %, et payement comptant, à enlever à raison de trente wagons par jour dans l'espace de huit jours.

Il est exposé au Conseil que, malgré ce marché de 240 wagons et malgré les démarches qu'il a faites auprès de la Compagnie du Nord, le stock s'élève encore à 90,000 hectolitres au 18 janvier inclusivement.

Le Président ayant mis aux voix la ratification dudit marché, la ratification est votée à la majorité de quatre voix. M. Colin a déclaré persister dans l'opinion qu'il a émise dans la séance du 21 décembre 1871.

Le Conseil décide, en outre, que les motifs qui l'ont déterminé à ratifier le marché fait avec la Compagnie parisienne du Gaz se trouvant consignés dans un rapport adressé à M. le Président le 10 janvier 1872 par M. l'Ingénieur, le rapport de M. l'Ingénieur sera transcrit dans ledit procès-verbal.

Bruay, le 10 janvier 1872.

« Monsieur le Président,

« Vous me priez de vous donner mon avis sur les conséquences que le marché du Gaz parisien a eues sur mon extraction, ce marché consistant en une vente de 240 wagons à enlever, à raison de 30 wagons par jour, à partir du mardi 26 décembre, au prix de 11 fr. 85 la tonne, soit 1.03 l'hectolitre.

« Avant la conclusion de ce marché, en présence du stock de la Compagnie, qui s'élevait à environ 103,000 hectolitres, j'avais dû me préoccuper de l'insuffisance du matériel, qui pouvait se prolonger, et je vous ai proposé, pour ne pas congédier d'ouvriers, de modérer l'extraction et de pousser les travaux préparatoires.

« Lundi, 18 décembre, le travail fut suspendu, et ma pensée était qu'il était préférable de suspendre un jour par semaine plutôt que de congédier des ouvriers.

« Cette mesure avait pour conséquence de diminuer l'extraction, mais aussi d'élever notre prix de revient.

« Aussitôt que j'ai eu connaissance de l'écoulement assuré d'une partie du stock, soit 26,000 hectolitres, j'ai pu me dispenser de suspendre le travail de nos ouvriers tout en ne négligeant pas les travaux préparatoires.

« Si, le 26 janvier, le stock est le même qu'aujourd'hui 11 janvier, soit 80,000 hectolitres, il en résultera que le stock de la Compagnie aura diminué seulement du chiffre d'hectolitres enlevés par le Gaz parisien.

« La Compagnie aura pu ne pas suspendre son extraction un jour par semaine, et, par conséquent, extraire quatre jours de plus pendant le mois, soit 26,000 hectolitres, exactement l'importance du marché du Gaz.

« Ces 26,000 hectolitres auront été extraits au même prix que l'extraction du mois, soit environ 60 centimes l'hectolitre. Si la Compagnie a vendu 1 franc, elle aura donc gagné 40 centimes à l'hectolitre, soit 10,400 francs.

« Je ne compte pas les frais généraux du jour; mais il y a lieu, à mon avis, de ne pas les compter, car ils eussent été les mêmes si on eût suspendu l'extraction quatre jours pendant le mois.

« J'ai à vous faire observer, en outre, que ce marché permet de donner au travail des ouvriers toute l'extension voulue, et que, de ce chef, le prix de revient de cette période de trente jours sera moins élevé que si j'avais dû chômer.

« Il est difficile de chiffrer exactement combien le prix de revient baissera, mais il ne faut pas oublier qu'une grande extraction est nécessaire maintenant, à cause de la grande étendue des chasses d'exploitation, étendue qui nécessite une augmentation dans le transport, dans l'extraction de nos longues galeries souterraines, et dans la consommation ; il ne faut pas oublier non plus que les frais généraux sont les mêmes avec une grande ou une petite extraction, et j'évalue à 3 centimes l'hectolitre en moins le prix de revient quand je puis donner à mon extraction un libre cours, et quand je suis obligé de limiter le travail. Il résulte de là que, dans l'espace de trente jours, la Compagnie extrayant 195,000 hectolitres, le prix de revient doit baisser de 3 centimes à l'hectolitre, ce qui représente 5,850 francs.

« J'ai enfin à vous faire observer, comme dernière considération, que le Conseil d'administration aura assuré aussi le travail des ouvriers.

« Agréez, etc.

« *Signé* : Lux. »

Pour extrait conforme :

Ont signé : Duchange aîné,
Jules Marmottan,
Maurice Colin,
Dr Marmottan,
Anselin.

SÉANCE DU 18 JANVIER 1872

TENUE A BRUAY

Sous la Présidence de M. Jules MARMOTTAN

Sont présents : MM. Anselin, Colin, Duchange aîné docteur Marmottan et Jules Marmottan.

Des renseignements précis sur l'extraction étant nécessaires au Conseil pour le guider dans ses résolutions sur la mesure à prendre pour conjurer une cessation de travail, M. l'Ingénieur est introduit.

M. le Président expose au Conseil que la Compagnie se trouve aujourd'hui avec un stock de 90,000 hectolitres et qu'elle doit se préoccuper, en présence de l'insuffisance du matériel de la Compagnie du Nord, d'assurer le travail de ses ouvriers. Il invite M. l'Ingénieur à donner son avis sur cette grave question.

M. l'Ingénieur dit que si la Compagnie pouvait vendre à nouveau à la Compagnie du Gaz deux cent quarante wagons à prendre immédiatement, il ne faudrait pas hésiter à le faire; que les véritables intérêts de la Compagnie doivent faire rechercher ce nouveau marché, et, à l'appui de cette opinion, il confirme verbalement les raisons qu'il a données à M. le Président dans un rapport en date du 11 courant. Il engage beaucoup le Conseil à ne diminuer l'extraction qu'à la dernière extrémité; la diminution de l'extraction augmenterait le prix de revient et pourrait déterminer beaucoup d'ouvriers à prendre leurs livrets ; or, le Conseil ne doit pas ignorer que les travaux de la fosse n° 3 exigent un plus grand nombre d'ouvriers; si donc la Compagnie pouvait renouveler un marché avec la Compagnie parisienne du Gaz, ce marché, d'après lui, serait avantageux à Bruay ; il offrirait le double avantage d'empêcher l'élévation du prix de revient et de conserver tous les ouvriers.

Le Président fait observer que les évaluations de l'Ingénieur, sur l'augmentation du prix de revient, à la suite de la suppression d'un jour de travail par semaine, lui paraissaient bien modérées, pour ne pas dire trop modérées. Suivant lui, la diminution de l'extraction un jour par semaine doit faire monter le prix de revient de plus de 3 centimes à l'hectolitre ; car, en 1870, le prix de revient pour la seconde quinzaine de janvier avait été de 55 centimes pour une extraction de 73,884 hectolitres ; or, le prix de revient de la seconde quinzaine de janvier 1871 s'est élevé à 68 centimes avec une extraction de 51,512 hectolitres. Il fait remarquer au Conseil qu'une augmentation de 13 centimes dans le prix de revient de la seconde quinzaine de janvier 1871 est due, comme le constate le procès-verbal de la séance du Conseil d'administration du 13 février 1871, à l'insuffisance du matériel de la Compagnie du Nord, qui avait, comme aujourd'hui, déterminé l'encombrement des terris de la Compagnie et avait obligé la réduction de l'extraction.

Il pense, par les considérations développées devant le Conseil et dont l'exactitude ne saurait être contestée, que mieux vaut pour la Compagnie vendre à nouveau 25 à 30,000 hectolitres au Gaz, si la Compagnie du Gaz consent à accepter ce nouveau marché, que de rester exposé à la presque certitude de réduire l'extraction très-prochainement, et conséquemment d'augmenter le prix de revient par cette réduction de l'extraction.

M. le Président dit qu'il ignore si le Gaz acceptera de faire un nouveau marché ; mais, en cas de refus, le Conseil aura fait tout ce qu'il était en son pouvoir de faire pour assurer le travail des ouvriers.

M. Duchange prend la parole : il fait observer que dans la séance du 21 décembre 1871 il a refusé de voter un marché avec le Gaz parisien au prix de 11 fr. 80 c. la tonne, parce qu'il voulait un sursis de huit jours pour apprécier l'état des choses avant de consentir à un prix aussi bas, et aussi pour s'assurer si le matériel du Nord ne deviendrait pas plus abondant.

Aujourd'hui il constate que le stock de la Compagnie, qui s'élève à 90,000 hectolitres, s'élèverait à 120,000 hectolitres si, dans l'intervalle de la réunion du Conseil, le Président n'avait pas pris sur lui, en présence des dangers que couraient les intérêts de la Compagnie, de vendre au Gaz 26,000 hectolitres à un prix bas, mais qui est encore rémunérateur.

Qu'en présence d'une extraction quotidienne de 7,000 hectolitres environ et de l'insuffisance du matériel du Nord, qui, loin de diminuer, paraît augmenter depuis quelques jours, la Compagnie doit se préoccuper de ne pas suspendre son extraction et qu'autant il était opposé à Douai à faire le marché avec le Gaz, espérant l'augmentation du matériel promis, autant il pense aujourd'hui qu'il y a lieu de faire des ouvertures pour un nouveau marché qui assurerait la diminution du stock.

M. Duchange ajoute encore que le rapport de M. l'Ingénieur, en date du 11 courant, qui établit que le marché de 26,000 hectolitres fait par le Président produit à la Compagnie un bénéfice de 16,000 francs, et que, dès lors, il n'hésite plus à recommander au Conseil l'ouverture de nouvelles négociations avec le Gaz.

M. le docteur Marmottan appuie les observations de M. Duchange et dit que si la Compagnie devait faire un sacrifice pour conserver le travail des ouvriers, elle ne devrait pas hésiter à le faire ; la population ouvrière de Bruay est essentiellement dévouée et pacifique, elle mérite qu'on fasse un sacrifice, s'il faut faire un sacrifice. Si cette population venait à apprendre que le Conseil, dans un sentiment d'imprévoyance, a préféré réduire le travail pour ne pas vendre à un prix réduit une partie du stock et assurer par ce moyen la continuation du travail, cette population pourrait avoir des sentiments d'amertume pour le Conseil. Il croit donc devoir fortement l'engager à faire un sacrifice sur le prix pour assurer le travail. Il ajoute que, pour lui, il est convaincu qu'il n'y a pas sacrifice, il y a seulement amoindrissement de bénéfices, et il opine fortement pour proposer un nouveau marché au Gaz.

M. Anselin déclare que, comme M. Duchange, il était opposé à faire un marché avec le Gaz en présence de la réduction du prix et de l'assurance d'avoir des wagons; qu'aujourd'hui son opinion est modifiée, les moyens de transport n'augmentant pas, quoique la fabrication du sucre ait cessé ou presque cessé. Après l'opinion de M. Lux, qui établit que la Compagnie, loin d'avoir perdu avec le Gaz, a gagné de l'argent, il approuve le projet de faire un nouveau marché avec le Gaz parisien.

M. Colin prend la parole. Il dit que, pour être conséquent avec lui-même, il ne peut donner son approbation à une nouvelle ouverture à faire au Gaz parisien ; il pense qu'on peut encore continuer à mettre du charbon sur les terris, et quand ils seront comblés, il pense qu'on pourra déposer sur le terride la fosse n° 2 du charbon venant de la fosse n° 1 et venant de la fosse n° 3.

M. Duchange prend la parole et fait observer à M. Colin qu'il ne comprend pas sa persistance à refuser de traiter avec le Gaz parisien à 1 franc l'hectolitre pour ne pas courir le risque d'arrêter l'extraction, quand il trouvait utile aux intérêts de la Compagnie de faire vendre en 1869, comme échantillon, par l'entremise de M. Lenglet-Scaillierez, à MM. Dujardin frères, de Fampoux, 1,200 hectolitres de charbon au prix de 1 fr. 10 l'hectolitre ou à 90 centimes l'hectolitre, puisque la Compagnie avait à payer 15 centimes de transport au rivage et 5 centimes de commission à M. Lenglet-Scaillierez. Si, en vendant à 90 centimes l'hectolitre, M. Colin estimait que la Compagnie faisait encore un bénéfice de 300 francs, pourquoi refuser de faire une vente de 28,000 hectolitres à 1 franc, quand cette vente doit éviter la diminution de l'extraction et, par conséquent, l'élévation du prix de revient et enfin assurer le travail des ouvriers?

M. Duchange ajoute qu'il a fait à cette époque des observations à M. le Président de ce que cette vente aurait été faite sans l'autorisation du Conseil d'administration et demande que son observation soit consignée au procès-verbal.

M. l'Ingénieur fait observer à M. Colin qu'il serait obligé de réduire immédiatement l'extraction s'il n'y avait pas diminution du stock. On ne peut mettre au n° 2 qu'une quantité insignifiante de charbon à cause du peu d'étendue du terri et, d'un autre côté, le transport, le chargement et le déchargement coûteraient 7 à 8 centimes l'hectolitre.

M. le Président demande encore la permission de faire observer que M. Colin n'a pas toujours exprimé l'opinion qu'il émet aujourd'hui; en effet, dans une lettre du 4 décembre 1869, M. Colin est très-préoccupé du stock de 79,000 hectolitres que la Compagnie de Bruay possédait à cette époque. M. Colin dit que les ventes par voitures allaient diminuer à partir du 15 janvier et qu'à cette époque il fallait que la Compagnie eût le stock le plus faible possible.

Cette préoccupation du stock était si grande chez M. Colin, que, dans cette même lettre, M. Colin dit qu'il a donné l'ordre à M. Lenglet-Scaillierez de recommencer à faire des petits marchés, en faisant observer que ces petits marchés qui étaient à livrer dans l'espace d'une année ne pouvaient avoir aucune influence sur la diminution du stock que voulait obtenir la Compagnie.

M. le Président demande alors à M. Colin comment il peut concilier sa tranquillité sur le stock actuel de la Compagnie, qui est de 90,000 hectolitres, avec des inquiétudes aussi grandes lorsque la Compagnie n'avait qu'un stock de 79,000 hectolitres.

M. Colin répond que la situation n'est pas la même; la Compagnie n'avait qu'un terri en 1869; elle en a deux en 1871.

M. Marmottan répond que cette circonstance, qui paraît favorable à son argumentation, lui paraît au contraire susceptible d'en détruire toute la portée et aggravante pour les dangers que court la Compagnie. Si la Compagnie a aujourd'hui deux terris, elle a deux fosses qui produisent, tandis qu'en 1869 elle n'avait qu'une fosse. En 1869 l'extraction était de 4,500 hectolitres par jour; en 1871 elle est de 5,000 hectolitres qu'il faut expédier ou loger sur les terris; or, l'encombrement peut devenir plus grave pour deux fosses que pour une.

M. Colin prend ensuite la parole et dit que le prix de 11 fr. 85 ne peut être approuvé par lui, mais qu'il serait favorable à un marché conclu avec la Compagnie du Gaz au prix de 14 francs la tonne.

M. Duchange répond qu'en supposant le prix de vente au Gaz à 12 francs et le prix de 14 francs auquel vendrait volontiers M. Colin, il y a une différence de 2 francs par tonne, ce qui représente pour 2,400 tonnes 4,800 francs; or, il demande si, pour 4,800 francs ou 5,000 francs si l'on veut, la Compagnie doit hésiter à assurer le travail de ses ouvriers. Son avis est qu'il n'y a pas d'hésitation à avoir : dût-on manquer de gagner 5,000 francs, il faut assurer le travail des ouvriers.

M. Marmottan répond qu'il ne peut admettre que ce marché fasse perdre 5,000 francs à la Compagnie. Dans la seconde quinzaine de janvier 1871 le prix de revient a augmenté de 13 centimes à l'hectolitre par suite de l'insuffisance du matériel. Cette élévation dans le prix de revient représente, seulement pour une quinzaine, une perte de 8,500 francs. On évitera cette perte en faisant le marché avec le Gaz parisien. Si donc, comme le dit M. Colin, on perd 5,000 francs en vendant au prix de 11 fr. 85 la tonne, on a encore avantage à ne pas réduire l'extraction et à faire le marché avec le Gaz, puisqu'on perd 3,500 francs de moins qu'en réduisant l'extraction. Mais ce n'est là qu'un côté de la question. En faisant le marché avec le Gaz parisien, les ouvriers ont du travail, la Compagnie évite des frais pour transport, chargement et déchargement du charbon, enfin le Conseil a la tranquillité d'esprit. M. Marmottan ajoute que si l'avis de M. Colin prédominait, la Compagnie perdrait pour lui certainement 8,500 francs pour une quinzaine et 17,000 si cette situation durait un mois. Il dit que M. l'Ingénieur a parfaitement démontré, dans son rapport du 11 janvier 1872, que la Compagnie, loin de perdre, gagnerait 16,000 francs à faire le marché avec le Gaz.

M. Anselin résume la discussion et, après ce résumé, la discussion est close.

M. le Président propose de demander au Gaz parisien s'il consent à contracter un nouveau marché de 240 wagons au prix de 11 fr. 85 la tonne, payable comptant, escompte 3 %, à enlever immédiatement avec ses propres wagons et d'envoyer la dépêche télégraphique suivante :

Dubosc — Gaz parisien — Paris.

« Si vous pouviez prendre livraison immédiatement, avec votre matériel, de 240 wagons aux mêmes prix et conditions que les derniers, vous me feriez personnellement plaisir. — Réponse télégraphique.

« *Signé* : MARMOTTAN. »

Le Conseil, à la majorité de quatre voix, vote l'envoi de cette dépêche. M. Colin déclare, pour être conséquent avec lui-même, persister dans son refus.

Pour extrait conforme :

Ont signé : Jules MARMOTTAN,
ANSELIN,
Dr MARMOTTAN,
Maurice COLIN,
DUCHANGE aîné.

SÉANCE DU 14 MARS 1872

TENUE A DOUAI, HOTEL DE L'EUROPE

(Présidence de M. Jules MARMOTTAN)

Sont présents : MM. ANSELIN, COLIN, DUCHANGE et Jules MARMOTTAN.
M. le docteur MARMOTTAN s'est excusé.

M. le Président donne au Conseil lecture du rapport de M. le Receveur, relativement au marché du Gaz, et le Conseil décide qu'il sera inséré au procès-verbal.

Ce rapport est ainsi conçu :

« Monsieur le Président,

« La Compagnie des Mines de Bruay, à la fin de décembre 1871, a vendu à la Compagnie parisienne du Gaz 240 wagons de houille. Cette vente fut suivie d'une seconde vente de 240 wagons, et les expéditions s'élevèrent au chiffre de 580 wagons, dont 480 wagons par suite de marchés,
et . . . . 100 — par suite d'un malentendu.
Total. . . 580 wagons ou 67,000 hectolitres. — La livraison a été terminée le 15 février.

« Après cette livraison, le stock de la Compagnie fut encore de 70,000 hectolitres, ce qui prouve que, sans les ventes au Gaz parisien, la Compagnie aurait eu 137,000 hectolitres de stock, c'est-à-dire qu'elle aurait dû suspendre l'extraction.

« Dans le cours des livraisons, la Compagnie, sans le marché du Gaz, se serait trouvée parfois avec 150,000 hectolitres de stock, en supposant qu'elle eût pu continuer son extraction d'une façon régulière.

« Il y a donc certitude aujourd'hui que le Conseil d'administration a fait acte de prudence et de sagesse en faisant ce marché, puisqu'il a assuré le travail des ouvriers pendant fin décembre, janvier et février. Mais ce n'est pas tout : la Compagnie a réalisé des bénéfices dont elle eût été privée si elle n'avait pas traité avec le Gaz.

« En janvier 1872, les bénéfices de la Compagnie ont été de 65,000 francs pour les deux fosses; 40,000 francs pour la fosse n° 1 et 25,000 francs pour la fosse n° 3, et la Compagnie a gagné 21,600 francs de plus en janvier 1872 qu'en janvier 1871. Ces 21,600 francs sont dus au marché du Gaz.

« En effet, à la fosse n° 1, le mois de janvier 1872 est supérieur au mois de janvier 1871 de la différence en plus de 37,500 à 40,000 francs, soit.   2,500 fr.
A la fosse n° 3, le mois de janvier est supérieur à la moyenne des derniers mois écoulés, du 1ᵉʳ juillet au 31 décembre 1871. Cette moyenne est de 16,500 francs de bénéfices par mois. La somme de bénéfices du mois de janvier 1872 étant de 25,000 francs, il reste en faveur de février 1872 . . . .   8,500 »

« Par suite de l'essor donné à l'extraction de la fosse n° 1, à cause de l'écoulement certain d'une partie des produits, il faut ajouter la différence en plus de l'extraction de janvier 1872 sur janvier 1871, soit 28,000 hectolitres extraits. Le prix de revient étant de 78 centimes l'hectolitre et le prix de vente moyen 1 fr. 20 l'hectolitre, on peut ajouter, comme bénéfice provenant du marché du Gaz, 38 centimes par hectolitre, soit . . . .   10,600 »

                                     Ensemble. . . . . .   21,600 fr.

« En examinant le tableau des bénéfices du mois de janvier 1872, on remarque que le bas prix vendu au Gaz a pesé sur le prix de vente du mois de janvier; que le prix a fléchi de 10 centimes à l'hectolitre; mais on peut remarquer aussi qu'il est plus que compensé par la diminution du prix de revient, diminution obtenue par l'essor donné à l'extraction et par l'augmentation de la production.

« Les bénéfices de février se ressentiront encore du marché du Gaz, car l'extraction a été assurée pendant tout le mois de février.

« Le Conseil d'administration peut donc dire qu'en faisant ce marché avec le Gaz, il a fait non-seulement un acte d'humanité pour ses ouvriers, mais qu'il a fait une opération fructueuse pour les actionnaires.

« Agréez, Monsieur le Président, etc.
                                                     « *Signé :* Dupont. »

       Pour copie conforme :

                 Ont signé : Jules Marmottan,
                              Duchange aîné,
                              Maurice Colin,
                              Anselin.

SÉANCE DU 6 JUIN 1872

TENUE A BRUAY

Sous la Présidence de M. Jules MARMOTTAN

Sont présents : MM. Anselin, Colin, Duchange
docteur Marmottan et Jules Marmottan.

Lecture est donnée des procès-verbaux des séances des 2 et 3 mai 1872.

Après cette lecture, M. Colin demande la parole. Il dit n'avoir pas d'observations à faire sur la délibération qui accorde à M. Lenglet-Scaillierez l'autorisation de vendre dans le département de la Somme. Mais dans sa pensée le Conseil a autorisé M. Lenglet-Scaillierez à vendre non-seulement à Arras, mais dans le département du Pas-de-Calais, sauf l'arrondissement de Béthune. Aussi est-ce à tort que M. le Receveur a fait des réserves à M. Lenglet-Scaillierez pour expédier dans le Pas-de-Calais. Il a toujours considéré que M. Lenglet-Scaillierez pouvait expédier dans le Pas-de-Calais, et il pense que ce dernier peut expédier dans tout le Pas-de-Calais, sauf l'arrondissement de Béthune.

Un membre répond que dans la séance du 2 mai, il n'a pas été dit un seul mot du droit que M. Lenglet-Scaillierez aurait d'expédier dans le Pas-de-Calais. M. Colin, au nom de M. Lenglet-Scaillierez, a demandé la faveur d'expédier dans la Somme. Le Conseil, pour faire plaisir à un collègue, a accordé cette autorisation ; peut-être eût-il étendu cette faveur, même pour le Pas-de-Calais, mais cette faveur n'a pas été demandée ; elle n'a donc pas été accordée, et dès lors M. Lenglet-Scaillierez ne peut demander des faveurs que pour Arras et la Somme.

M. Colin répond qu'il n'a pas eu besoin de demander cette faveur, puisque pour lui, quand M. Lenglet-Scaillierez a fait le marché de 400 wagons, il avait le droit comme il l'a dit verbalement à M. Lenglet-Scaillierez, de vendre dans tout le Pas-de-Calais, sauf l'arrondissement de Béthune.

Un membre répond que le marché de 400 wagons auquel fait allusion M. Colin a été fait sur la proposition verbale de M. Colin, qui, après avoir demandé d'abord le chiffre de 200 wagons; a demandé de porter le marché à 400 wagons, une fois le prix fixé. Aucune stipulation n'a été faite sur le droit de M. Lenglet-Scaillierez de vendre dans tout le département; au surplus, il demande à lire le contrat qui forme la loi des parties et qui doit clore la discussion.

M. le Président met sous les yeux du Conseil la lettre du Receveur qui accorde à M. Lenglet-Scaillierez quatre cents wagons, il'est dit par deux fois que les livraisons auront lieu à Arras. M. Lenglet n'a pas réclamé; bien plus, il a exécuté le contrat.

M. le Président ajoute qu'il est pénible de voir qu'à chaque séance M. Colin oblige le Conseil à discuter des questions qui n'intéressent que M. Lenglet-Scaillierez. Pour lui, il demande que le contrat soit respecté et que la faveur accordée à M. Lenglet-Scaillierez soit circonscrite au département de la Somme, conformément à la décision du 2 mai 1872.

M. Colin répond que refuser à M. Lenglet-Scaillierez de vendre dans le Pas-de-Calais, c'est le mettre dans une situation fausse, puisqu'il a dit à M. Lenglet-Scaillierez qu'il pouvait vendre dans le Pas-de-Calais; c'est pour ainsi dire déjuger un administrateur. Il ajoute que c'est une affaire personnelle pour lui, que M. Lenglet-Scaillierez puisse vendre dans le Pas-de-Calais.

Un membre répond qu'il est pénible de voir un administrateur parler d'affaire personnelle. Tous les administrateurs ne doivent s'occuper que des intérêts de la Société.

M. Colin demande alors quel intérêt la Société a de défendre à M. Lenglet de vendre dans le Pas-de-Calais.

M. le Président répond que le respect du contrat et des décisions du Conseil est un motif suffisant; mais que la Société, qui vient de rétrocéder le dépôt d'Arras qui lui a été toujours onéreux, a intérêt que 40,000 hectolitres au moins soient vendus à Arras, et devant l'insistance de M. Colin qui, à presque chaque séance, remet en discussion et le dépôt d'Arras et M. Lenglet-Scaillierez, il rappelle l'affaire Bonnard pour faire toutes réserves sur cette affaire, au sujet de laquelle le Conseil n'a pas eu d'explications suffisantes.

M. Colin répond qu'en présence du refus de lui accorder ce qu'il demande pour M. Lenglet-Scaillierez, non-seulement il refuse de signer les procès-verbaux des séances des 2 et 3 mai, mais même du 8 avril, quoiqu'ils aient été lus et adoptés.

Ceci dit, M. Colin se retire de la salle du Conseil.

M. le Président, après le départ de M. Colin, dit qu'on peut jusqu'à un certain point comprendre qu'un administrateur refuse de signer un procès-verbal dont la lecture lui est donnée, mais qu'on ne peut comprendre qu'un administrateur refuse de signer une délibération votée par lui et dont le procès-verbal a été lu et adopté en sa présence et sans observation.

Le Conseil décide qu'il n'admet pas cette prétention et que les procès-verbaux seront présentés à nouveau à la signature de M. Colin à une séance ultérieure.

Le Conseil s'occupe d'autres questions.

M. Colin, à la fin de la séance, rentre en séance.

Pour copie conforme :

Ont signé : Jules MARMOTTAN,
DUCHANGE aîné,
Dr MARMOTTAN,
ANSELIN.

SÉANCE DU 20 JUIN 1872

TENUE A PARIS, HOTEL DE NICE

(Présidence de M. Jules MARMOTTAN)

Sont présents : MM. Anselin, Duchange et Marmottan.

Le Conseil d'administration de Bruay s'est à plusieurs reprises préoccupé des résultats obtenus par le dépôt d'Arras depuis la création, lequel, pendant les huit années de son existence, n'a vendu que 240,341 hectolitres de charbon, soit une moyenne de 30,000 hectolitres par an ; que pour une vente au détail si faible la Compagnie, en faisant concurrence aux marchands de charbon, empêchait le développement de la vente à Arras ; qu'indépendamment de cette raison, les frais qu'occasionnait le dépôt étaient si élevés, qu'il arrivait que la Compagnie vendait au détail un prix moins élevé qu'en gros ; que cette situation, signalée à plusieurs reprises à la Compagnie, avait provoqué des plaintes.

Désirant faire cesser ces plaintes et faire cesser un état de choses préjudiciable à ses intérêts, la Compagnie cherche un moyen pour obtenir de meilleurs résultats ; pour y parvenir, M. Maurice Colin, un de ses administrateurs, propose à ses collègues de les débarrasser du dépôt en résiliant purement et simplement le bail. Cette proposition ayant été acceptée à l'unanimité, il fut procédé à cette résiliation, qui ensuite a été acceptée et ratifiée par M. François Dhéc, propriétaire du dépôt, le 22 novembre 1871.

Le bail étant résilié, il restait à la Compagnie à se défaire du matériel de ce dépôt. Le Conseil d'administration, sur la proposition de M. Colin, consentit à faire cession de ce matériel à M. Lenglet, ancien préposé au dépôt, pour un prix qui serait fixé par experts.

Le Conseil d'administration nomme pour son expert M. Desmazures, expert près les tribunaux civil et de commerce de la Seine.

M. Lenglet-Scaillierez nomma un expert qui ne vint pas à l'expertise, comme le constate M. Desmazures dans son rapport dont la lecture est donnée au Conseil et décide que le rapport sera transcrit au procès-verbal.

Rapport au Président du Conseil d'administration des Mines de Bruay.

« Monsieur le Président,

« Par lettre du 27 mars dernier, vous m'avez fait connaître que la Compagnie de Bruay m'avait choisi pour procéder à l'expertise amiable de son matériel au Dépôt d'Arras.

« Conformément au mandat qui m'était donné, je me suis rendu à Arras au siège du Dépôt de la Compagnie de Bruay; j'y ai trouvé M. Lenglet-Scaillierez, ancien dépositaire; il m'a dit que son expert, qui devait procéder à la contre-expertise contradictoirement avec moi, n'avait pu attendre mon arrivée et n'était plus en ville.

« M'inspirant de vos intentions conciliantes, j'ai eu plutôt pour but d'arriver à une entente amiable la moins préjudiciable possible aux intérêts de la Compagnie qu'à une évaluation rigoureuse du prix de son matériel. J'ai pensé que je pouvais poursuivre ce résultat en procédant en l'absence même du premier expert et en présence du principal intéressé, M. Lenglet-Scaillierez. J'aurais voulu avoir sous les yeux les lettres que la Compagnie a pu adresser à M. Lenglet concernant la continuation des affaires avec la clientèle du Dépôt et autres documents se rattachant à cette cession, mais il m'a dit ne rien avoir en ses mains, que tout se trouvait en la possession d'un des administrateurs de Bruay qui avait traité l'affaire pour lui avec la Compagnie.

« En procédant à mon opération, je n'ai pas tardé à m'apercevoir que je la finirais difficilement. M. Lenglet-Scaillierez paraissait ne rien faire par lui-même; à chaque objection que je lui adressais, il me quittait pour aller consulter dans le voisinage. J'ai néanmoins fini par le décider à prendre un peu plus sur lui-même afin d'en terminer avant le départ du train.

« J'ai communiqué à M. Lenglet-Scaillierez la lettre de M. L. Dupont fils, négociant en charbons à Lille, portant l'offre de reprendre le matériel de la Compagnie pour son prix de revient, que vous m'avez dit être de 5,503 francs. M. Lenglet m'a répondu que cette offre n'était pas sérieuse, et qu'au reste, comme il avait cession du bail en sa faveur, cession acceptée par le propriétaire du terrain sur lequel se trouve établi le Dépôt, il n'accepterait le matériel qu'à un prix très-réduit, ou dirait à la Compagnie de Bruay de l'emporter et en ferait établir un nouveau.

« Sur mon observation que la cession du bail n'était que la conséquence de la reprise du matériel et que si cette reprise n'avait pas lieu la cession du bail se trouverait simplement annulée, M. Lenglet-Scaillierez a abandonné ce système et a paru comprendre l'arbitrage d'une entente amiable.

« Le chiffre de l'expertise faite le 20 janvier 1872 par M. Bernaut s'élevait à 912 francs. Le chiffre de la mienne s'est élevé à 1,596 francs ; mais en me plaçant au point de vue, non d'une expertise rigoureuse des prix à réclamer, mais bien en vue de l'entente amiable que la Compagnie a paru désirer, j'ai proposé à M. Lenglet le prix de 1,286 francs.

« M. Lenglet n'a pu prendre sur lui s'il acceptait ou refusait mon chiffre.

« Il m'a dit qu'il devait consulter quelqu'un avant de me répondre.

« En arrivant à Paris, j'ai trouvé en effet un télégramme que je joins à la présente, m'informant qu'il acceptait le chiffre de mon expertise.

« Sans doute, il eût été préférable pour la Compagnie d'accepter les propositions de M. L. Dupont fils, de 5,503 francs, mais je n'avais aucunement à en tenir compte dans l'estimation du matériel qui m'était confié ; l'appréciation de cette offre appartient tout entière à la Compagnie; j'ai procédé comme si elle n'existait pas. Mon prix de 1,286 francs étant accepté par M. Lenglet-Scaillierez, ma mission était terminée dans l'esprit du mandat qui m'avait été confié.

« Recevez, etc.

« *Signé :* C. DESMAZURES. »

Le Conseil d'administration, après avoir pris connaissance de ce rapport, décide qu'il y a lieu d'accepter ses conclusions et autorise M. Dupont, son receveur, à toucher de M. Lenglet-Scaillierez 1,286 francs pour le montant du matériel.

M. le Président met sous les yeux du Conseil une note présentée par M. Lenglet-Scaillierez réclamant une somme de 105 fr. 50 c., importance de plusieurs dépenses qu'il a faites pour le Dépôt et dont il n'avait pu joindre la note au compte qu'il a remis. Le Conseil autorise M. Dupont à lui tenir compte de cette somme.

Pour copie conforme :

Ont signé : Jules MARMOTTAN,
DUCHANGE aîné,
ANSELIN.

SÉANCE DU 23 AOUT 1872

TENUE A DOUAI, HOTEL DE L'EUROPE

(Présidence de M. Jules MARMOTTAN)

Sont présents : MM. ANSELIN, COLIN, DUCHANGE aîné et Jules MARMOTTAN. M. DUPONT, *receveur*, assistait à la séance.

Après lecture des procès-verbaux de la dernière réunion qui sont adoptés, M. le président prie M. Maurice Colin de signer les délibérations des séances des 8 avril 1872 et 2 mai 1872, dont les procès-verbaux ont été lus et approuvés sans réclamation.

M. Colin répond qu'il n'a rien à signer, puisqu'il n'était pas à la dernière séance. Un membre répond qu'il ne s'agit pas de signer les procès-verbaux des séances auxquelles M. Colin n'assistait pas, mais qu'il s'agit de signer les procès-verbaux des séances auxquelles il a assisté, dont les délibérations ont été prises à l'unanimité et dont les procès-verbaux ont été adoptés, également à l'unanimité, en présence de M. Colin lui-même.

Au surplus, ajoute ce même membre, M. Colin, dans la séance du 6 juin 1872, prié par M. le Président de signer les procès-verbaux des 8 avril 1872 et 2 mai 1872, avait déclaré que pour ne pas interrompre la séance, il les signerait à la fin de la séance.

M. Colin demande alors à relire lesdites délibérations; le registre des délibérations est mis sous ses yeux. M. Colin lit non-seulement lesdites délibérations, mais toutes celles auxquelles il n'a pas assisté.

Après cette lecture, M. Colin dit qu'il ne signera pas parce que le procès-verbal de la séance du 6 juin 1872 n'est pas exact selon lui. Un membre prend la parole et dit qu'il ne s'agit pas pour lui de signer le procès-verbal de la séance du 6 juin 1872 ; qu'il a le droit sur ledit procès-verbal, avant de signer, de faire des observations, mais qu'il s'agit de signer les délibérations du 8 avril 1872 et du 2 mai 1872, consignées par des procès-verbaux, lus et adoptés par tous, procès-verbaux, au surplus, qu'il a promis de signer dans une séance antérieure.

M. Colin répond qu'il n'a rien promis de signer. Protestation unanime de ses collègues qui affirment le contraire. Un membre prend la parole et demande à M. Colin ce qu'il vient faire à une réunion pour ne pas signer ce qu'il a accepté, qu'il n'a jamais vu un administrateur avoir la prétention d'assister à une séance, d'écouter ce qui s'y dit et de refuser ensuite de signer ce qu'il a dit. Il demande quelle serait la force des délibérations des procès-verbaux si tous les membres refusaient de signer.

Un autre membre prend la parole et dit que la signature des délibérations est une obligation statutaire et que si un membre refuse de remplir ces obligations, le Conseil, sans lui méconnaître son titre d'administrateur, peut lui refuser d'exercer les droits d'administrateur. A son avis, si M. Colin refuse de signer les procès-verbaux, le Conseil ne doit pas laisser M. Colin exprimer son opinion dans le Conseil, puisque le Conseil serait obligé de consigner les avis de M. Colin, que ce dernier aurait la faculté de reconnaître ou de ne pas reconnaître en les signant ou en refusant de les signer.

Un autre membre prend la parole et dit que la question qui se débat en ce moment est une question de bonne foi et de loyauté. Il dit que M. Colin a promis de signer les procès-verbaux dont on lui demande la signature, et qu'il ne peut se refuser de signer ce qu'il a loyalement promis.

M. le Président demande à M. Colin si, oui ou non, il refuse de signer les procès-verbaux des 8 avril et 2 mai 1872.

M. Colin refuse de signer.

M. le Président dit que le refus de M. Colin sera consigné de nouveau au procès-verbal.

Le Conseil suspend la séance.

M. Colin se retire.

Pour extrait conforme :

Ont signé : Jules MARMOTTAN,
ANSELIN,
DUCHANGE aîné.